有解系列丛书-亲子关系手册

高能量家庭

有解妈妈　著

U0740236

人民邮电出版社

北京

图书在版编目（CIP）数据

高能量家庭 / 有解妈妈著. -- 北京 : 人民邮电出
版社, 2025. -- ISBN 978-7-115-66568-3

Ⅰ. C913.11

中国国家版本馆CIP数据核字第2025Z78Z26号

内 容 提 要

　　本书是一本专为现代家庭量身定制的幸福指南，旨在以有解理念帮助家长们掌握构建和谐亲子关系与家庭氛围的秘诀。本书通过认知、情绪、关系、家风、方法（锦囊）五篇，全面而细致地解析了通往幸福家庭的路径。

　　本书以温暖人心的笔触，引导家长们在日常点滴中实践幸福家庭的理念，共同创造和谐、温馨、充满爱的家庭环境。

　　本书适合所有希望构建和谐亲子关系与家庭氛围的人阅读参考。

◆ 著　　　　有解妈妈
　　责任编辑　徐竞然
　　责任印制　周昇亮

◆ 人民邮电出版社出版发行　　北京市丰台区成寿寺路11号
　　邮编　100164　　电子邮件　315@ptpress.com.cn
　　网址　https://www.ptpress.com.cn
　　天津千鹤文化传播有限公司印刷

◆ 开本：880×1230　1/64
　　印张：2.625　　　　　　　　2025年5月第1版
　　字数：85千字　　　　　　　2025年10月天津第5次印刷

定价：29.90元

读者服务热线：(010)81055296　印装质量热线：(010)81055316
反盗版热线：(010)81055315

前言

家，于我们每个人而言，是心灵的港湾，是力量的源泉。

古人云："天下之本在家。"家庭、家教、家风，绝非小事。一个充满爱与温暖、积极向上的家庭，能为每一位成员注入源源不断的能量，助力人们在人生道路上勇敢前行。

也因此，家，本应是幸福的起点，而不是问题的源头。但在现实生活中，我们常常会看到一些家庭陷入困境。有的家庭氛围冰冷，有的家庭充满暴躁情绪，有的家庭则像是内耗的无底洞，让人疲惫不堪。你或许也正面临着孩子沉迷手机、作业拖拉、情绪失控等问题，又或者夫妻关系紧张、亲密冲突不断，婆媳之间矛盾重重、彼此互不理解……

这些问题就像一道道难以跨越的沟壑，横亘在家庭幸福的道路上。

但请你相信，幸福其实掌握在你自己的手中。与其哀叹，不如勇敢地迈出改变的第一步，重启家庭的幸福之门，让自己的生活充满向上的力量，为孩子打造一个高能量的原生家庭。

家中若有爱，万事皆有解。高能量家庭，从现在开始。

致读者

亲爱的读者：

您好！我是顾淑伟，是这本书的策划和编写成员之一。当打磨完书稿的全部内容时，我的内心非常激动。我在想，这本书将走到哪里去？会以什么方式与您相见？又能给您和家人带去怎样的帮助？

我相信，本书将是您育儿过程中的惊喜，也将是您生活中的伙伴。您是不是也想听听它背后的故事？

2022 年，我和女儿奉湘宁博士一起写作的《有解：高效解决问题的关键 7 步》（简称《有解》）顺利出版，自那以后，我经常收到来自读者的反馈，有来自企业的，有来自学校的，更多的是来自家庭的。他们表示，这本书帮助他们改变了现状，收获了惊喜。同时，我也收到了很多建议，其中大部分都是希望我能再出一本专门讲家庭教育的书。

于是，2025 年，《高能量家庭》应运而生。值得一提的是，这本书的作者是"有解妈妈"。

缘分总是以奇妙的方式将人们相连。

在美丽的秦皇岛，活跃着一支"有解妈妈"团队，她们都是《有解》的读者。她们系统学习了《有解》，亲身感受到有解思维在家庭建设中的巨大力量。她们将书中的核心理念与转换思维融入日常生活，努力改变自己，以全新的视角看待问题，以饱满的热情对待工作和生活，还积极投身于服务社会的事业中。正是她们的努力和热情，坚定了我们一起编写这本《高能量家庭》的决心。

可以说，《高能量家庭》不仅是《有解》作者团队的又一精心之作，更是《有解》作者与《有解》读者团队紧密配合下的思想结晶，正是这份对有解思维的共同热爱与执着追求，让大家携手走到了一起，共同孕育出了《高能量家庭》这本书。

在创作的旅程中，有人凭借着专业的知识与丰富的经验，为书籍搭建起坚实的理论框架；也有人以亲身经历与感悟，为其注入了鲜活的生命力。大家就像紧密协作的齿轮，每一个人都在自己的位置上发挥着独特的作用，共同推动着这本书的诞生。

参与编写的每一个人都怀着一丝不苟的态度，只为将最实用、最有效的方法呈现给读者，帮助大家解决家庭中遇到的各种难题。

我们共同署名 "有解妈妈"，因为我们希望这能成为一种温暖而有力的象征。它象征着一群志同道合的人，因对 "有解" 理念的认同与热爱汇聚在一起，将自己的智慧和经验分享出来。

　　我们希望 "有解妈妈" 这个名字，能给予每一位翻开这本书的读者一份安心与信任，让大家知道，在面对家庭中那些棘手的问题，如孩子的叛逆、夫妻间的矛盾、亲子关系的紧张时，并非独自在黑暗中摸索。有这样一群有着相似经历，却成功运用 "有解" 思维和方法化解难题的人，在为大家指引方向，传递力量。

　　我们更希望 "有解妈妈" 所代表的积极、乐观、智慧的家庭理念，能够像春风一样，吹进每一个家庭，让家真正成为充满爱与能量的港湾，让每一位家庭成员都能在其中绽放光彩，携手走向更加美好的未来。

　　这本书的设计初心是简单实用，小巧便携，您可以将它装在口袋里，随时翻阅。每翻开一页，您都能有所收获。只要您和家人积极实践书中的方法，我相信，您一定能找到解决亲子冲突、家庭问题的钥匙，让生活一路有解。

同时，我们也深知，家庭教育、家风建设之路任重道远。这本书是我们对这一宏大命题的探索成果，但在编写过程中，难免存在不足之处。我们真诚地欢迎广大读者和全国各界爱心人士给予反馈和建议，以便我们不断完善，为家庭、家教、家风建设贡献更多的智慧。

期待《高能量家庭》能够真正满足您的需求，为您所用。愿您能拥有饱满的有解状态，收获亲密和谐的家庭关系。愿爱与温暖常伴您的家庭，愿一切美好如期而至！

顾淑伟

2025 年 3 月

目录

01 认知篇

02　情绪篇

03 关系篇

04 家风篇

05 锦囊篇

01

认知篇

你的孩子目前处于怎样的人生阶段？你了解他成长过程中遇到的困难吗？如何把孩子成长路上绕不开的困难变成机遇？本篇将从家庭教育价值罗盘入手，引领大家提升认知，明确教育孩子的方向和目标，查清问题反复出现的真相。运用7条有解核心理念和7种有解思维转换技巧，将帮助你保持有解状态，优化亲子关系，幸福地陪伴孩子成长。

构建你的家庭教育价值罗盘

如果夫妻在教育孩子方面观点不一致，日常互动中就会有很多冲突和矛盾。那么，到底该怎样培养孩子？哪方面才是最重要的？"家庭教育价值罗盘"来助你一臂之力。

参见下图，罗盘的各个方向代表着家庭教育的不同价值维度，如理想信念、正直守信、乐观善良、身心健康、自尊自信、勤劳刻苦、勇敢坚强、学业成就、社交能力以及兴趣特长等。

家庭教育价值罗盘

和爱人进行一次深入沟通，一起制作一个家庭教育价值罗盘。

制作家庭教育价值罗盘

1. 先画一个罗盘（参考上图的形式）。
2. 讨论孩子的培养方向，填写在罗盘的相应位置。
3. 如果去掉1个，是哪个？请在相应的位置标上"8"。
4. 再去掉1个，是哪个？在相应位置标上"7"。
5. 以此类推，最终保留3个重要维度并做特别标识。

恭喜你拥有了自己的家庭教育价值罗盘，并明确了最看重的三个价值维度。

当我们手持这枚罗盘，就能清晰分辨出什么才是真正重要的事。不要为无关痛痒的小事大肆批评指责，也不要在关键价值点上吝啬表扬称赞。

有解时刻

价值罗盘是家庭教育的指南针。

想要孩子表现好，请去掉干扰

$$P = P - i$$

Performance（表现）= potential（潜能）- interference（干扰）

　　这个看似简单的公式，揭示了一个重要秘密：一个人的表现由潜能和干扰决定，而每个人的潜能都是充足的，因此，干扰就成为影响个人表现的关键因素：干扰越少，表现就越好。

　　很多情况下，家长意识不到自己的行为会干扰孩子的表现，如过度批评、没有给予孩子足够的关爱、在家中争吵等。

　　作为父母，我们应尽最大努力为孩子排除干扰（即降低"i"的值），让孩子能更充分地发挥自身的潜力，实现更好的成长。

有解时刻

吹尽黄沙始见金。

决定孩子表现的四个关键要素

决定孩子表现的关键要素到底有哪些？有的家长认为孩子表现不好是个人因素所致，如学习不认真等；而孩子则往往认为自己的表现取决于外部因素，如考题太难、环境有干扰等。我们认为，决定孩子表现的关键要素其实是两者结合后的四个方面，具体如下图所示。

K（Knowledge）：知识，是"懂不懂"的问题，属于个人因素。

S（Skill）：技能，是"会不会"的问题，属于个人因素。

M（Motivation）：动机，是"想不想"的问题，包括内在动机和外部激励，属于个人因素加外部环境因素。

E（Ecology）：生态环境，是"让不让"的问题，属于环境因素。改善关系、营造氛围、打造温馨和谐的环境都属于 E 的范畴。

很多家长把精力放到了 K 和 S 上面，忙着辅导孩子学习、指导作业等；但如果孩子自己不想学习，再好的老师也教不会他。

只有把学习的主动权交给孩子，孩子才会成为学习的主人。家长应聚焦 M 和 E，优化家庭关系，改善家庭环境。当孩子感受到被尊重、被理解，孩子的学习动力才能被激发。

有解时刻

M 和 E 大有可为。

绕到问题背后

日常生活中，我们往往把问题视为麻烦、压力，觉得它们是糟糕的、令人讨厌和不想要的。本书对"问题"给出了一个明确的定义：问题 = ｜现状 – 目标｜，即问题是现状与目标之间的差距。

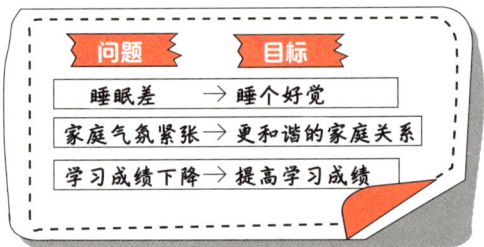

问题	目标
睡眠差	→ 睡个好觉
家庭气氛紧张	→ 更和谐的家庭关系
学习成绩下降	→ 提高学习成绩

每一个问题背后，都隐藏着一个你朝思暮想、渴望达到的目标。解决问题的过程其实就是缩小现状与目标之间差距的过程，就是达成目标的过程。我们要积极地看待问题，把那些绕不开的问题变成想不到的机会。

有解时刻

问题的背后，其实是你对目标的渴望。

问题面前你是谁

面对问题，有的家长可能会认为自己是受害者，感到委屈；或者认为自己是问题的制造者，感到内疚。

不论过去你是怎样对待问题的，从今天起，你将拥有一个新的身份：问题管理者。

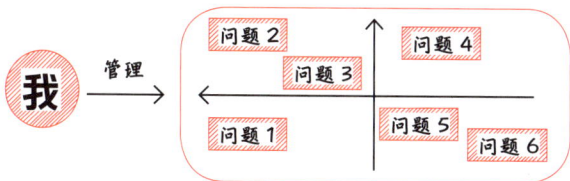

问题管理者是主动管理问题的人，是你在问题面前应持有的"战略性身份"。在解决孩子的问题时，家长具有双重身份，既是问题相关人，又是问题管理者。作为问题管理者，你需要跳出问题，站在更高的层面上，更全面、更系统地看待问题。每个家庭都需要一位卓越的问题管理者，而你，完全可以成为这样的人。

有解时刻

我是问题管理者。

三类问题，哪个优先

参照冰山模型，我们可以将问题分为三类：情绪问题、关系问题和实际问题。实际问题在水面之上，往往容易引起关注，比如孩子的学习成绩；而情绪问题和关系问题隐藏在水面之下，容易被忽视。

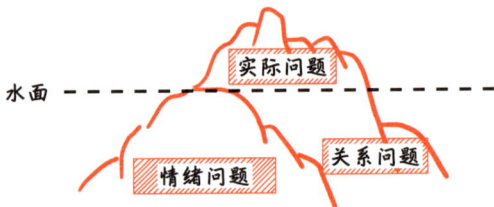

三类问题之间相互影响，当情绪和关系受到伤害时，实际问题往往会层出不穷。而当情绪平稳、关系良好时，实际问题通常就会迎刃而解。

解决问题的原则是：先平稳情绪、优化关系，再解决问题。毕竟，只有先让自己的内心恢复平静理智，重建和谐信任的氛围，才能更好地攻克实际问题。

有解时刻

先平稳情绪、优化关系再解决问题。

7 条有解核心理念

反复出现在你脑海里的语言，就是你的信念，它的力量非常强大。信念会影响我们的语言、行为，进而决定我们生命的质量。

> **7 条有解核心理念**
>
> 1. 人人皆有所长
> 2. 人人都渴望成长
> 3. 人人都想为自己做出最好的选择
> 4. 不做裁判做伙伴
> 5. 问题就是机会
> 6. 方向永远优于速度
> 7. 改变自己，影响他人

当你感到迷茫苦恼时，不妨多读几遍这些核心理念，你会发现这些简单的文字蕴含着强大的力量。

有解时刻

雄襟万里，一路有解。

7 种有解思维转换技巧

思维决定行为，行为决定结果，结果造就人生。有解的 7 种思维转换技巧如下。

有解的 7 种思维转换技巧

1. 从紧急到重要
2. 从要素到关系
3. 从观点到事实
4. 从问题到目标
5. 从原因到方案
6. 从对立到共识
7. 从裁判到伙伴

善用 7 种思维转换技巧，能帮助你解决情绪问题、关系问题和实际问题，提升你解决问题的能力，并优化亲子关系，营造和谐的家庭氛围。

有解时刻

观念一变天地宽。

从紧急到重要，告别灭火生活

在育儿的道路上，你是否总感觉焦头烂额，每天都在"灭火"，孩子的饮食、起居、课业，样样都让你操心，为什么需要管理的事情这么多？这其实是因为一些重要的问题被忽视了，比如孩子的内驱力、好奇心及对生活的热情等。

从紧急到重要的思维转换提示我们：解决问题要遵循"要事优先"的原则，如果孩子的内驱力（重要问题）提升了，变得自律且自觉，那么孩子的饮食、成绩等（紧急问题）就不需要家长过多操心了。不被紧急问题牵制，自然就有更多时间去关注重要问题，从根源上解决矛盾，这样育儿之路才会越走越顺，家庭关系也会越来越和谐。

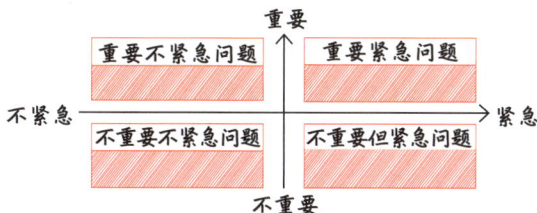

你丢失了哪些重要问题呢？去把它们找回来吧。

有解时刻

勿把紧急当重要。

从要素到关系，好关系成就好孩子

生活中，家长经常把关注点放在孩子一些"不好"的表现上，如挑食、撒谎、沉迷手机、乱发脾气、作业拖拉等。这些问题反复出现，让家长感到束手无策。家长总想要改变孩子的这些行为，可是这并不容易。因为孩子的行为是在特定关系中形成的，关系的好坏直接影响着孩子的表现。

试想一下，如果家长一下班回家就打开电视或手机外放声音，孩子又怎么会愿意一放下书包就开始写作业呢？再加上家长的催促，很容易激起孩子的逆反心理。长此以往，还会影响家庭氛围。不能只看到孩子"不好"的表现，而是要学会看到这样的表现是如何受关系影响的。

从要素到关系的思维转换提示我们：要从高度关注个人的表现，转换到关注人与人之间的关系。在家庭中，人与人互为环境，推动问题解决的往往正是那些良好的关系。

开始重视家庭关系吧，良好的关系能够成就优秀的孩子！

有解时刻

良好的关系是教育的前提。

从观点到事实，乱贴标签不可取

你说话时有没有常常被孩子反驳？并且有些话非但没有解决问题，反而破坏了双方的情绪和关系？这很可能是因为你说的是观点，而不是事实。

观点是个人的看法、判断和评价。很多冲突和争执都发生在观点层面，但凡会引起反驳的，通常都是观点；而事实，是指客观事物的真实情形，是不容反驳的。因此，在面对问题时，我们应该多说事实，少说观点。

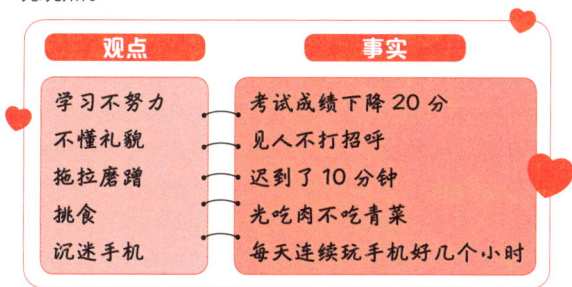

观点	事实
学习不努力	考试成绩下降 20 分
不懂礼貌	见人不打招呼
拖拉磨蹭	迟到了 10 分钟
挑食	光吃肉不吃青菜
沉迷手机	每天连续玩手机好几个小时

从观点到事实的思维转换提示我们：解决问题不能基于观点来形容问题，而是要基于事实来分析问题。

有解时刻

不要把观点当事实。

从问题到目标，不翻旧账的艺术

"孩子怎么一回家就把房门关上？""孩子这次考试成绩怎么这么差！"如果你常常这样想，那很可能已经掉入了问题思维的漩涡。

问题思维关注的是"过去的"和"不想要的"，它不仅不能解决问题，还容易引发指责、抱怨、内疚和悔恨。

而看向目标才是解决问题的关键所在。目标思维关注的是"未来的"和"想要的"，拥有目标思维的人常常这样思考："我希望能够与孩子建立更好的亲子关系""这次考试成绩只代表过去，我可以和孩子一起设定下次的目标"。

从问题到目标的思维转换提示我们：过去发生了什么并不重要，重要的是你未来想要什么。

有解时刻

坚定目标，就不怕路途遥远。

从原因到方案，不追究的温柔

试想一下，如果领导问你："你为什么迟到？""报告为什么错了这么多？"你可能会给出各种原因。同样，如果你问孩子："你为什么做作业总是拖拖拉拉？""你为什么这次成绩下降这么多？"你也会得到一堆原因。

当你开始追究原因时，对方往往会因为担心被批评或承担责任，而想方设法"证明自己没错"。这样做不仅不能解决问题，还会影响双方的情绪和关系。

相反，如果我们从问"为什么"转变为问"怎么做"，聚焦方案，聚焦如何达成目标，就能更容易排除干扰、解决问题。比如："怎么做才能提高写作业的效率呢？""怎么做下次才能考得更好呢？"

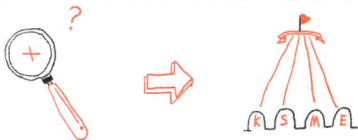

从原因到方案的思维转换提示我们：与其追究原因，不如聚焦方案，让解决问题变得愉快且高效。

有解时刻

不纠原因，直奔方案。

从对立到共识，和孩子站在一起

你是不是常常对孩子说："你怎么不听话呢？我都是为了你好！""你怎么能这样想？"

当我们坚持"我是对的"，潜台词其实是："只要你和我不同，你就是错的。"如此一来，我们就把对方推到了自己的对立面。可是，有谁愿意承认自己是错的呢？到底是"谁对谁错"重要，还是解决问题更重要呢？

从对立到共识的思维转换提示我们：受个人角色、经历、视角、价值观等因素的影响，每个人的思维都有局限性。也许你的方案很好，但如果孩子不认同，他就没有动力去做，即使被迫执行，效果也不会好。所以，如果我们能站在孩子的角度思考，与孩子一起设计出"我们的方案"，会更利于孩子愉快地执行并达成目标。

有解时刻

解决问题时没有敌人，都是盟友。

从裁判到伙伴，建立亲密的亲子关系

　　生活中，你是希望得到裁判式的评判，还是伙伴般的陪伴？你又是以什么身份站在孩子身边的呢？

　　做裁判，孩子一旦犯错，就迅速评判对错并施加惩罚，看似维护规则，实则让孩子心生畏惧，会无形中把孩子推至我们的对立面，让孩子感到孤独和无助，慢慢对父母关闭心门；做伙伴，意味着平等地交流、真诚地倾听，与孩子一同感受喜怒哀乐。我们与孩子站在一起，敞开心扉，携手同行。

　　从裁判到伙伴的思维转换提示我们：家长尽量不要做裁判，轻易评判对错、急于下结论；而是要成为孩子的"伙伴"，温情地陪伴孩子成长。

有解时刻

没有人能通过指责他人获得幸福。

关注圈和影响圈

"关注圈"通常涵盖了家长关心的众多事物，包括孩子的学习成绩、各方面的表现、学校的教育理念，甚至别人家孩子的情况等。但其实，这些是家长关注但不一定能够直接影响或改变的领域。

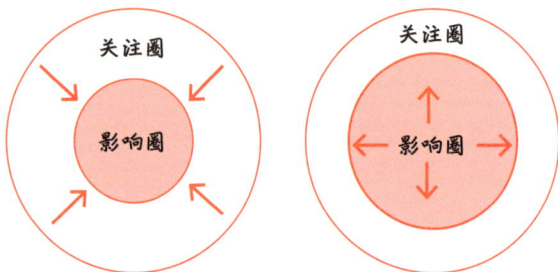

相比之下，"影响圈"则是家长能够直接通过自身行动影响或改变的方面，比如管理好自己的情绪、营造良好的学习氛围、积极参与学校活动等。

我们应该将精力集中在能够发挥作用的"影响圈"上，专心做自己力所能及的事，这样"影响圈"才会不断扩大，逐步成就自己，影响他人。

和爱人及孩子一起分析各自的关注圈和影响圈是怎样的，并进行优化。

聚焦影响圈，淡化关注圈，不要让你不能做的事情，干扰你能做的事情，要学会把精力放在可以有所作为的事情上。

有解时刻

改变自己，影响他人。

02

情绪篇

　　良好的情绪是解决问题的前提！当您打开这一篇，就如同踏上了一段探索内心世界的奇妙之旅，您将揭开情绪的面纱，读懂情绪的语言，掌握管理情绪的秘诀。这里将告诉您17个"找回美好情绪"的小方法，记住它们、实践它们，开启心灵成长的新旅程吧！

看见情绪红绿灯

情绪冲动时，人们很容易说出不该说的话，做出让自己后悔的事，就像一辆行驶在高速公路上的汽车突然刹车失灵。

如果我们设立"情绪红绿灯"，很多伤害是可以避免的。

红灯代表强烈的消极情绪，如愤怒、狂躁等，需要即刻停止行为，让自己冷静下来。

黄灯代表中等程度的情绪，如烦恼、不安等，这时应该放慢节奏，思考如何应对。

绿灯代表积极的情绪，如快乐、满足等，这时可以自由前行。

情绪红绿灯可以帮助你更好地识别并管理自己和他人的情绪。

有解时刻

情绪爆发时，停下来就是成功。

奇妙的情绪日记

你是否有过这样的经历：有时候心情很好，有时候心情却莫名其妙地很差，不知道情绪为何会如此变化？如果你想要更好地了解自己的情绪，找出影响你心情的因素，不妨试试写情绪日记。

9(ˊωˋ)9
我的情绪日记 ♥

记录你的情绪。 每天或每隔一段时间，你可以用一句话或一个词来描述你当前的情绪，如"我今天很开心""我现在很紧张""我刚才很生气"；也可以用打分的形式记录你的情绪强度，比如1-10分，10分表示最强烈。 **1**

记录事件。 回想一下导致这种情绪的事件是什么，记录下来，如"我今天考试得了85分，比上次提高5分""我刚才和爱人吵架了，他说了×××"。 **2**

9("&")9

记录你的想法。 思考一下这件事让你产生了什么样的想法，如"我今天取得了好成绩，说明我很努力""爱人不应该这样说，他太不理解我了"。

3

记录你的行为。 观察一下这些想法引导你做了什么样的行为，如"我今天取得了好成绩，要庆祝一下""刚才爱人那么说话，我冲他大喊大叫"。

4

你可以根据自己的喜好和需要修改上面的模板，重要的是要养成坚持写日记的习惯，并定期回顾和分析自己的日记内容，这样你就可以发现自己的情绪变化规律和问题，从而找到改善心态和行为的方法。

有解时刻

看见情绪，做自己情绪的主人。

通过深呼吸来缓解焦虑

深呼吸能够给大脑带来更多的氧气，可以减轻压力、缓解焦虑。练习方法如下。

① 找一个安静、舒适的地方，放松身体，保持直立或舒适的坐姿。

② 先慢慢地用鼻子吸气，尽量让空气充满肺部，感受腹部随着吸气向外隆起。

③ 吸气过程约持续3~5秒钟，直到不能再吸入更多的空气。

④ 稍作停顿，保持1~2秒钟。

⑤ 用嘴慢慢地呼气，收紧腹部，将肺部的空气全部呼出。呼气的时间可以比吸气稍长，约5~8秒钟。

⑥ 重复上述步骤，每5~10次为一组，每天可进行多组练习。

有解时刻

深呼吸时，要尽量排除杂念。

遇到问题时，先想三个好的方面

遇到问题时，先尝试从三个积极的角度去思考，这样做有助于我们摆脱负面情绪，激发解决问题的能力。

被老师请家长通常被认为是一件不好的事，但实际上它也存在以下三个好的方面。

1. 表明老师对孩子非常关注和负责。老师希望通过与家长的沟通，共同解决孩子存在的问题，促进孩子进步。

2. 家长可以借此机会了解孩子在校的真实表现，与老师进行更深入的交流，同时反思自己在家庭教育中是否存在不足。

3. 能让孩子意识到自己的行为已经引起了关注，从而激发改变的动力。

遇到问题时，先想三个好的方面，这并不是回避问题，而是帮助我们快速调整情绪，更积极地面对问题和解决问题。

有解时刻

每个棘手的问题都包裹着珍贵的礼物。

不怕难题多，把所有问题都列下来

家长不仅要应对孩子成长过程中难以避免的很多问题，还要处理工作、生活等各方面的事情，大脑极易因超负荷的工作而感到疲劳和焦虑。该怎么办呢？列出问题清单是一个非常有效的方法。将你头脑中的所有问题，无论大小，无论严重程度，无论是否能解决，全部列在下表中。

序号	问题名称
1	
2	
3	
4	
5	
……	

当你把这些问题全部列出来，脑中的思路才会更清晰，你也才能掌握更多的主动权。当然，不是所有问题都需要平等对待，有的需要抓紧解决，有的则可以放手。

有解时刻

列出问题，厘清思路。

学会给问题分类

看看你的问题清单，那些一直让你纠结的，是真正重要的问题吗？也许它们只是紧急问题，并没有那么重要。实际上，重要问题更需要被重视和解决。请根据紧急重要模型（如下图）对清单中的问题进行分类。

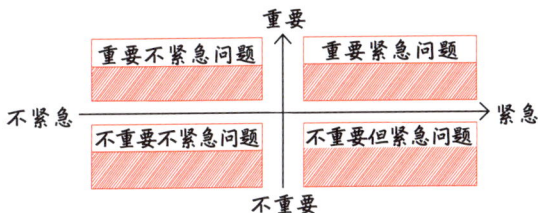

解决问题的顺序：重要紧急问题＞重要不紧急问题＞不重要但紧急问题＞不重要不紧急问题。

重要不紧急问题是值得重点关注的一类问题，倘若一味地对它们视而不见，紧急问题就会层出不穷，比如，平时若不重视定期体育锻炼，就会出现生病需要治疗这样的紧急问题。

有解时刻

记住，要事优先哦！

善待自己和家人的情绪

孩子在成长过程中，难免会因为一些小事而哭闹、发脾气。如果家长能够善待孩子的情绪，而非简单地制止或批评，孩子就能够感受到温暖与安全，这有助于他们健康成长，培养出良好的情绪管理能力。

在忙碌的生活与育儿压力下，家长难免会产生各种负面情绪。善待自己的情绪，不自我指责或过度压抑，不仅有利于身心健康，也是建设和谐家庭的基础。

生活里，多少人在忙碌奔波中，把自己的情绪丢到角落，满心委屈却只能默默咽下。但情绪需要被看见、被理解，一味压抑，只会让它以更具破坏力的方式爆发。

善待自己和家人的情绪，会让家庭环境更加和谐美好。

有解时刻

善待情绪，用爱与理解共筑和谐。

先善待情绪再解决问题

当问题找上门，很多人习惯一头扎进去解决，却没意识到，面对问题时，我们很容易产生愤怒、焦虑、沮丧等负面情绪。在这些情绪下解决问题，如在生气时辅导孩子写作业，不仅达不到效果，还可能损害自身健康，影响孩子的情绪，甚至破坏亲子关系。

满心怒火或一腔委屈时硬要解决问题，只会让矛盾升级，因为此时说出的话、做出的决定，大多被情绪裹挟，并非出自理性。

千万别在情绪的漩涡里勉强自己。善待情绪，当内心恢复平静和理智后，再去审视问题，这样能更清晰地看到问题的本质，使解决问题事半功倍。

有解时刻

良好的情绪是解决问题的前提。

从灰色信念到金色信念

普通人的脑海里，每天会出现上万句话，有的一闪而过，有的却反复出现。那些不断在脑海里重复的语言就是信念，它能掌控人的想法。灰色信念是偏消极、被动、僵化的；金色信念是偏积极、主动的，且有创新性。

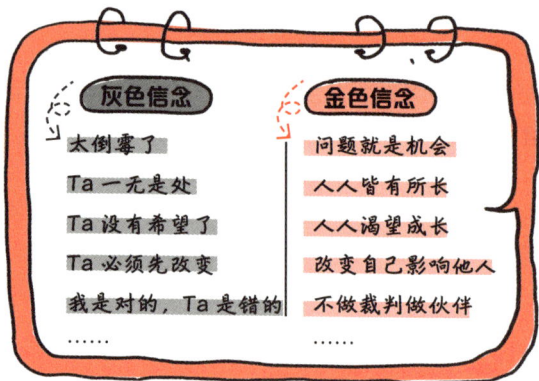

灰色信念	金色信念
太倒霉了	问题就是机会
Ta 一无是处	人人皆有所长
Ta 没有希望了	人人渴望成长
Ta 必须先改变	改变自己影响他人
我是对的，Ta 是错的	不做裁判做伙伴
……	……

和家人一起，写下每个人的灰色信念，然后用金色信念取代灰色信念，让金色信念为我们的情绪保驾护航。

有解时刻

我是情绪的主人，可以转换自己的信念。

如何发现自己的快乐颜色

颜色可以直接影响人们的心情。

尝试不同的颜色，找到属于自己的快乐颜色。可以从衣着、手机壳、窗帘、水杯等日常用品入手，换上不同的颜色，然后记录自己的心情有什么变化。

颜色	情绪感应	你的感受
红色	快乐、热情、提高食欲	
黄色	快乐、明亮、吸引注意力	
绿色	恬静、安定、消除紧张	
蓝色	凉爽、舒适、消除大脑疲劳	
白色	轻快、降躁	
黑色	沉稳、庄严、致疲倦/压抑	
其他		

有解时刻

觉察颜色对你的影响，找到令自己快乐的颜色。

创建"棒呆了词汇卡"

你想让你的人生故事里充满"凑合""不错""还行",还是"棒呆了""太幸福了""真是令人喜出望外""精彩得无与伦比"?要想让自己的人生故事变得美好,我们必须把美好的情绪捕捉到、留下来,并把它们推向高潮!

棒呆了词汇卡

我太幸福啦! I'm so happy!	喜出望外! Overjoyed!	高兴得不得了! Extremely delighted!
好酷呀! That's awesome!	棒呆了! Amazing!	真是太了不起啦! That's really amazing!
太有趣啦! It's so much fun!	心花怒放! Ecstatic!	-------------

美好的情绪要用美好的语言来形容,与家人共创"棒呆了词汇卡"吧,记得经常使用哟!

有解时刻

请不要吝啬你的赞美之词。

发现今天的三件好事

每天会发生很多事情，开心的、不开心的，有的人回忆起来都是不开心的事，想不到还有什么开心的事。你更关注哪些事呢？每天，你和孩子一定能找到三件好事，可以是很小的事，比如：

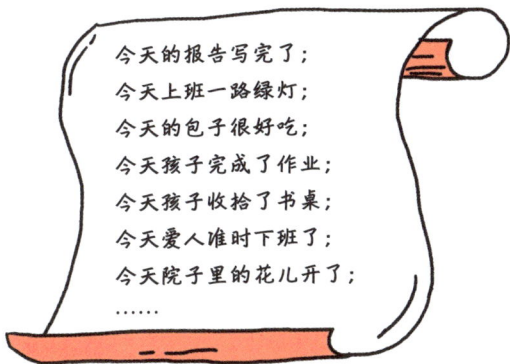

今天的报告写完了；

今天上班一路绿灯；

今天的包子很好吃；

今天孩子完成了作业；

今天孩子收拾了书桌；

今天爱人准时下班了；

今天院子里的花儿开了；

……

美好的事情会强化我们对正面情绪的感知，共同营造出一个充满正能量的家庭环境。

有解时刻

发现美好，创造美好。

爱的传递：制作家庭欣赏感谢卡

我们平时习惯了含蓄，认为家人之间不必经常说感谢的话，更少于表达欣赏。但事实上，每个人都希望得到自己最亲密的人的认可。表达欣赏能让家人感受到被看见、被认可、被需要，体会到价值感，进而增强亲子、夫妻、婆媳等关系，让家庭氛围变得温暖有爱。我们可以通过制作家庭欣赏感谢卡来向家人表达爱意。

制作要点有 4 个。

1. 亲手制作卡片。

2. 卡片内容至少包含三条感谢或欣赏的表述。

3. 语言要真诚、正式、具体。

例如："老公，上周我出差时，你既要上班又要带孩子、做家务，辛苦你了，你是我和孩子的坚强后盾，谢谢你的付出！"

4. 定期在家庭会议、节假日或者重要的时刻，当面正式向家人朗读表达。

有解时刻

欣赏是一种"平视"的赞美和祝福。

把欣赏与感恩融入日常

每天坚持欣赏与感恩，可以让生活更加积极美好。例如：

时间	欣赏与感恩
早晨醒来	感谢新的一天，"美好的一天又来到了，它充满无限可能"
忙碌时	留意身边的小确幸：一杯暖茶、一束阳光、同事的微笑
午餐时	感激食物滋养身体，思考其背后的辛勤劳动
晚上	回顾一天中让你感激的事，无论是成就还是简单的快乐
睡前	默默感谢家人、朋友的支持与陪伴

将这些习惯融入日常，让心灵在欣赏与感恩中得到滋养，生活自然更加温馨幸福。在欣赏与感恩中，我们会更懂珍惜，更加满足！在繁忙的工作与生活中，要时刻提醒自己保持一颗欣赏与感恩的心！

有解时刻

心怀感激，拥有幸福人生。

转换家庭口头禅

口头禅是我们习惯性频繁使用的语句或词语，通常是下意识、不自觉地脱口而出的一句感慨、一个语气词或一句常用的表述等，比如"嗯""哦""也许吧""随便"等。

你留意过家庭中经常说的话吗？灰色版块中的话孩子听了会是什么感受？换成红色版块里的呢？

烦死了　说话不算数　没出息
懒　真丑　垃圾　不懂礼貌
废话　不懂事　不要你了
张口就胡说　活该　肯定不行
真倒霉　我不行　气死了　笨死了
算了算了　慢死了　废物
这么简单都不会　张口就胡说

没事的　又进步了　大有可为
你真好　越来越好　会有办法的
谢谢你　真开心　你是我的骄傲
没关系　我可以的　会好的
肯定行　有我呢　别怕　我爱你
太了不起了　祝贺你　对不起

使用积极的口头禅能够提升我们的情绪状态，改善家庭氛围。请和家人一起创造一些积极的口头禅，并把它们贴在明显的位置上。

有解时刻

口头禅见证着家庭的氛围。

称赞孩子像爸 / 妈

　　有的家长爱在孩子面前说爱人和长辈的坏话，这就像在孩子稚嫩的心灵上，悄悄扎下一根针。这不仅破坏了家人在孩子心目中的形象，破坏了家庭关系，还会让孩子在爱与信任的世界里迷茫，影响他对亲情的认知。

　　相反，称赞孩子像自己的另一半，不仅会增进夫妻关系，还能让孩子感受到自己与父母之间的紧密联系，感受到父母之间的恩爱，从而增强安全感和归属感。孩子会明白，家人是值得称赞与珍惜的。

　　找到爱人和孩子共同的优点，然后面对面，正式、真诚地向孩子表达。比如："宝贝，你在困难面前展现出的勇气和坚强，像极了你的爸爸 / 妈妈，我为你骄傲。"

　　让赞美成为习惯，让家充满爱。

有解时刻

孩子会朝着夸赞的方向发展。

为坏情绪来临提前准备情绪管理工具卡

每个人都有很多情绪管理经验，但很少有人整理自己的经验，不能等到坏情绪来临时再考虑怎么做。你可以通过制作自己的情绪管理工具卡，成为自己的情绪管理专家。

第1步 记录下你处理负面情绪所有有效的办法。

第2步 从中选出6个最适合你近期状态的办法，填入"情绪管理工具卡"中。

第3步 出现负面情绪时，按卡片内容管理情绪。

第4步 定期更新卡片内容。

情绪管理工具卡	到户外走一走，吹吹风
	把吐槽的话写在纸上
	深呼吸、腹式呼吸、冥想
	买鲜花／买衣服／买菜
	收拾衣柜、整理房间
	找积极、快乐的人一起喝茶、吃饭

有解时刻

把情绪遥控器握在自己手里。

03 / 关系篇

推动问题解决的，往往不是权威，而是关系。但您知道关系也需要"体检"吗？这一篇将助力您收获更加和谐、美好的家庭关系，特别是亲子关系！在棘手的问题面前，如果能做到先优化关系再解决问题，你们将成为解决所有问题的最佳盟友！

重新看见孩子的人际生态

这是一个 8 岁孩子亲手画出的自己的"人际生态图"。图中包括家人、老师、同学、朋友，以及手机、小说和游戏，可见孩子的人际生态环境很广泛，并不像很多家长想象的那样"小孩懂什么人际生态"。

这些人际互动里藏着孩子性格、情绪与能力养成的密码。作为家长，家里是我们可以做主的地方。把家里的人际生态打造好，也有助于孩子的健康成长。

每个家庭成员对孩子的成长都非常重要，家里的每一段关系都对孩子影响重大。

有解时刻

良好的家庭关系是家庭教育的基础。

给关系做个"体检"

关系看不见也摸不着，但它会通过许多具体的行为和细节体现出来，比如一个微笑、一句问候、一次拥抱，以及困难时的相互扶持，喜悦时的共同分享。

虽然我们无法直接触摸到关系本身，但却能真切地感受到它带来的温暖、力量或者困扰。

为了更好地优化和家人的关系，我们可以先对关系进行评估，做到心中有数。下面是一份"关系体检表"。

"体检"项目（1～5分）	爱人	孩子	长辈
你愿意和 Ta 接触吗？			
Ta 愿意和你接触吗？			
你和 Ta 在一起时有安全感吗？			
Ta 和你在一起时有安全感吗？			
Ta 和你在一起时笑容多吗？			

NEXT ➡

"体检"项目（1-5 分）	爱	孩	长
	人	子	辈
你们在一起时共同话题多吗？			
Ta 和你沟通时，话题深入吗？			
Ta 有困难愿意向你寻求帮助吗？			
你相信自己能得到 Ta 的理解和支持吗？			
你了解 Ta 的优点吗？			
你能包容 Ta 的缺点吗？			
你能原谅 Ta 的错误吗？			
你愿意成就 Ta 吗？			
……			
分数合计			

　　分数越高，表明你们之间的关系越密切；如果分数比较低也不要担心，问题就是机会，这是在提醒你需要善待和优化彼此间的关系。

有解时刻

良好的关系是解决问题的前提。

了解家人的真正需求

有的人觉得自己为家人付出了很多，却总得不到理解。比如一位妈妈每天给家人做饭、收拾家务，家庭关系却依然很糟糕。是因为做的还不够多吗？其实不然，很可能是因为没有满足家人的真正需求。

当需求得不到满足时，家人会觉得自己不被重视、不被关心、不被理解，这就容易引发争吵和冲突。

那么，家人到底需要什么呢？这好像很难获知。大家可能觉得，都是一家人，我的需求你还不明白？还需要我说吗？这就是卡点。

但借助下面的"关系需求表"，了解家人的需求就变得容易多了。这个表格的前两列由你自己来填写，第3列由你的爱人、孩子或者长辈来填写。根据实际情况，在相应的位置打"√"。借此，你不仅可以了解每位家人的需求，也可以表达自己的需求。

项目	我实际给Ta的	我认为Ta需要的	Ta认为自己需要的
美食			
理解			

项目	我实际给Ta的	我认为Ta需要的	Ta认为自己需要的
赞美			
成就			
尊重			
自由			
陪伴			
分担			
包容			
支持			
感谢			
忠诚			
追随			
聆听			
机会			

填写后，你可能会发现，你给家人的并不是他们需要的，而他们最需要的却被你忽略了。家人之间，可以坦诚、清晰地说明自己的期望和要求，而不是让对方去猜，这是建立有效沟通和良好关系的重要环节。

有解时刻

关系中的很多伤害源于需求错位。

查查你的情感账户余额

在人与人的交往中，都有一个无形的"情感账户"。我们对他人的关心、理解、帮助、聆听和赞美，都是在往这个账户里"存款"；而每次的抱怨、批评、谎言和争吵则是在从这个账户里"取款"。

当情感账户余额充足时，关系稳固而融洽，双方能够相互支持和包容，即使偶尔有矛盾也容易化解；当情感账户余额不足甚至透支时，关系就会变得紧张、脆弱，容易破裂。

这个概念其实是在提醒我们，情感关系不是一劳永逸的，频繁地争吵就是在"一笔笔"消耗情感。

敬畏关系，从点滴做起。家人之间的每一次互动，每一句话、每一个行为，都在实时更新彼此之间的情感账户。

和家人一起，重新审视一下，哪些行为是存款行为，哪些行为是取款行为。

存款行为	取款行为

存款行为	取款行为

我们要尽量多地存款，尽量少地取款。

当情感账户存款越来越多时，家庭关系才会更亲密和融洽。

有解时刻

建设关系从点滴做起。

把视线放到大圆上

家中老人日复一日地默默付出，精心准备每一顿饭菜，却常常得不到家人的赞美，因为这一切都已被视为理所当然；但要是哪次菜咸了、饭焦了，他们却很容易受到批评。

这是一个很大的圆，上面有一个很小的缺口，这个小缺口总是容易成为我们关注的焦点。在关系中，这个小缺口就像某人说错的一句话、没做好的一件事。当我们紧盯着这一点时，就像在漆黑的夜里，拿着手电筒观察它一样——这时我们视野里的，不再是一个小小的缺口，而是一个被放大的、显眼的大缺口，以至于我们忘了它本是大圆的一部分。

　　每个人都是立体的，有优点就一定会有缺点。当你把视线重新放回到大圆上，就会发现他其实有许多优点。

　　学会欣赏，让爱流淌。赞美要及时、具体、真诚且正式。比如，当老人精心准备了一桌饭菜时，你可以这样说："妈（爸），您今天做的菜真是色香味俱全！特别是这道红烧肉，肥而不腻，入口即化，比外面餐馆的好吃多了。感谢您一直以来的付出，有您在，我们太幸福了。"

　　这样具体且温馨的赞美，能让老人立刻感受到幸福和成就感。

　　实践起来吧！写出每位家人的10条优点，并当面读给他们听。

　　当欣赏和赞美成为习惯，家庭关系会变得越来越融洽，家庭氛围也会越来越温馨。

有解时刻

发自内心的赞美有打动人心的力量。

赞美要及时，批评要延时

在亲子关系中，赞美和批评都需要把握时机。赞美要及时，批评要延时。

比如，当孩子主动帮忙打扫房间时，家长应立刻给予赞美："宝贝，你主动打扫房间，真勤快，太棒啦！"这会让孩子立刻感受到自己的行为得到了认可，从而强化这种积极行为。

相反，当孩子考试没考好时，家长不要马上发火批评。先冷静下来，等双方心态都平和了再沟通。这样可以避免在孩子情绪低落时雪上加霜，同时也让家长有时间思考更恰当的表达方式。帮助孩子分析原因，而非单纯指责，能够让孩子更容易接受并改正错误。

把握好赞美与批评的时机，让家庭教育更具智慧和力量。

有解时刻

赞美赋予力量，批评矫正方向。

撕掉负面标签

当孩子被贴上"懒惰""愚蠢""自私"等负面标签时，他会逐渐对自己产生怀疑和否定，失去积极进取的动力，最终很可能真的成为标签所描述的那样。负面标签还会破坏家人之间的信任和亲密感，危害极多。

撕掉负面标签的有效方式，是用正面标签替代。

1. 列出给家人贴的所有负面标签。

负面标签 ▶▶	正面标签

2. 找出例外。比如，如果你认为孩子很懒，就看看他有没有勤快的时候。如果有，这个标签就不成立。

3. 接下来，给他们贴上正面标签，并通过不断强化让他们逐渐认同和内化这些标签。

有解时刻

别让负面标签成为孩子前进路上的绊脚石。

情感账户的强大积分项：倾听

人人都需要表达。孩子需要表达，爱人需要表达，长辈也需要表达，但很多家庭却缺少真正的倾听者。

当我们静下心来，认真聆听家人的心声，就能感知到孩子成长中的烦恼、父母老去时的担忧、夫妻相处中的困惑。多一份倾听，就能少一份误解与冲突。

倾听是打开心门最好的钥匙。做好倾听并不难，先看看这些你能做到吗？

① 专注：全身心地关注对方，避免分心，如看手机、心里想着工作等。

② 以对方为中心：不要总想着自己说什么，或者把话题引导到自己身上。

③ 多听少说：遵循八二原则，用 80% 的时间聆听、20% 的时间提问、反馈等。

④ "三不"：不随意插话打断对方，不轻易下结论，不急于提建议。

⑤ 耐心：真诚地表达"还有呢"，让家人感觉到你愿意倾听。

⑥ 回应：通过点头、眼神交流、"嗯"等让对方知道你在认真倾听。

实践高质量倾听，与家人相互分享倾听和被倾听的体会，养成倾听的习惯，用耐心和爱心，营造充满温暖与理解的港湾。

有解时刻

倾听是良好沟通的关键。

你真的会沟通吗

和家人沟通时，语言固然重要，但非语言因素的影响力也很大，比如一个友好的微笑、一个鼓励的眼神、一个温暖的拥抱，有时比千言万语更有力量。

参考运用"55387"定律：

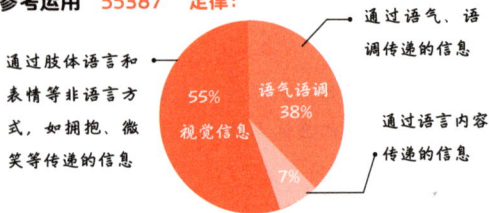

通过肢体语言和表情等非语言方式，如拥抱、微笑等传递的信息

55% 视觉信息

语气语调 38%

通过语气、语调传递的信息

通过语言内容传递的信息

7%

所以，我们不仅要关注说的内容，还要注意语气、语调和肢体语言的运用。比如，当妻子生气时，也许一抱就能解千愁；当孩子犯了错，如果家长能够用平和的眼神看着他，用温和鼓励的语气与他交流，孩子会更容易接受。

遵循"55387"定律，能提高沟通效果，让信息传递更加准确、有效。

有解时刻

关注语言之外的力量。

做一个相信而敢于托付的人

有的家长以关怀之名，借送东西的机会，悄悄窥探孩子有没有在专心学习，有没有偷看手机。

这些不经意的举动，或许正在孩子心中悄然种下不被信任的种子。那么，该如何扭转这一局面呢？

策略一：放手让孩子做主

孩子想怎么安排学习，先听听他的想法。别急着说"不行"，先给个大大的"我相信你"，让孩子知道，他的决定被尊重，他的能力被信任。

策略二：做孩子的后盾，而不是指挥官

孩子遇到困难了，先别急着上阵指挥，而是当个温柔的后盾。问问他是怎么想的、需要什么支持，然后和孩子一起找找办法。这样，孩子就会知道，家长是支持他的，而不是来监督他的。

对待爱人和老人也应如此。信任就是相信而敢于托付，关键在于托付。

有解时刻

信任如光，照亮前行的道路。

给家人一个爱的亲密称呼

　　一些家庭中的交流是不带称呼的，特别是夫妻之间，有的是叫"欸"，有的直呼其名，还有的甚至以职位称呼对方，如某总。这样的称呼没有亲密感，也容易产生身份不平等的感觉。

　　给家人一个爱称，能让家人感受到特别的关怀，使情感连接更紧密。想想恋爱时，你们之间的爱称便是属于二人的甜蜜印记。

　　建议和家人一起商量一下，看看每个人希望被怎么称呼。

　　长辈希望被怎么称呼？

　　孩子希望被怎么称呼？

　　爱人希望被怎么称呼？

　　你希望被怎么称呼？

　　当家里采用新的称呼方式，并配上温柔的语气或者温暖的笑容，家人会感觉更加亲近。

有解时刻

亲密称呼里藏着爱。

集中吐槽而非随时唠叨

在教育孩子或日常生活中，很多家长习惯随时随地唠叨，一看到问题就马上指出来。但这种方式不仅解决不了问题，还会让家里充满负能量，影响家人的心情和家庭关系。

相比之下，集中"吐槽"的方式更容易被大家接受，也更有助于解决问题。集中吐槽是指将一段时间内积累的不满或问题，在一个特定的时间和场合进行一次性的表达和讨论。

比如，可以和家人约定好，每天晚上 8 点是吐槽时间，这个时候大家要耐心倾听。其他时间如果想抱怨，就提醒自己先忍一忍，晚上有机会，这样也能缓解自己的情绪。到了集中吐槽的时间，也许有些想唠叨的问题已经解决了，不满的情绪也消失了。

这样慢慢地，你就养成了不唠叨的习惯。

有解时刻

不做唠叨之人。

谁先改变

在家庭生活中，我们总是希望他人先做出改变，比如希望家人先欣赏我们、倾听我们。但如果将关系改善的希望寄托在对方改变上，非但很难实现，反而可能破坏关系。

要知道，让改变发生的一个重要原则是成为改变本身。不是谁错了谁先改变，而是谁想解决问题谁先改变，谁想实现目标谁先改变。

首先改变的人最有力量。

首先改变的人大概率是不找借口的人，是不抱怨的人，是主动解决问题的人，是可以主宰自己的生活而不被他人或者环境主宰的人。

首先改变的人可以是他，也可以是你。

因为你的改变，一段关系的冷战得以停止；因为你的改变，家庭得以更加幸福。不知不觉中，一切美好都围绕你而发生：他人随你而动，环境因你而变，一切变化因你而起。

有解时刻

首先改变的人最有力量。

10个能促进亲子关系的互动游戏

推荐10个能促进亲子关系的互动游戏。

1. 拼图比赛

准备两幅一样的拼图，和孩子同时开始拼，看谁先完成。这能够锻炼孩子的观察力和耐心。

2. 故事接龙

一个人先讲一个故事的开头，其他人依次接着往下编。这个游戏可以培养孩子的想象力和语言表达能力。

3. 厨艺大比拼

一起制作一道美食，比如包饺子、做蛋糕等，让孩子参与其中的各个环节。

4. 室内寻宝

家长提前把一些小物件藏在家里的各个角落，然后给孩子提供一些线索，让他们去寻找。

5. 模仿秀

选择一些有趣的角色或者名人，家长和孩子轮流进行模仿，看谁模仿得更像。

6. 绘画接力

在一张纸上，家长先画一部分，然后孩子接着画，依次轮流进行，共同完成一幅作品。

7. 知识竞赛

准备一些有趣的知识问题，涵盖各个领域，家庭成员进行抢答。

8. 搭建游戏

用木制积木或者乐高积木，一起搭建一个城堡或其他建筑，发挥孩子的创造力和空间思维能力。

9. 运动挑战

进行亲子跳绳比赛、仰卧起坐比赛等，增强孩子的身体素质。

10. 猜谜语

家长准备一些有趣的谜语让孩子来猜，猜对了有奖励。

亲子互动游戏可以增进家庭成员之间的情感连接，营造和谐的家庭氛围。

有解时刻

"游戏力"是一种养育模式。

7个能提升亲子关系的小锦囊

良好亲子关系的建立需要时间和耐心，需要投入和陪伴。

1 亲子时间规划表

合理安排专门的亲子时间，比如每周固定的家庭活动日、每天的亲子阅读时间等，保证有足够的高质量陪伴。　▶▶

2 亲子沟通本

面对面交流不方便或不充分时，可以通过文字进行交流，在沟通本上写下彼此的想法、感受、期望等，增进相互理解。　▶▶

3 家庭相册

共同整理家庭相册，回顾美好瞬间，分享照片背后的故事，加强情感连接。　▶▶

4 亲子旅行计划

一起规划家庭旅行，讨论目的地、行程安排等，在准备和旅行过程中增进亲子关系。　▶▶

5 共同兴趣活动清单

列出家庭成员共同感兴趣的活动，如做手工、烹饪、运动等，定期一起做。 ▶▶

6 亲子心愿墙

把各自的心愿写在便利贴上，贴在墙上，然后一起努力去实现。 ▶▶

7 亲子成长手册

记录孩子成长过程中的点点滴滴，以及亲子关系中的重要时刻和进步。 ▶▶

家长也可以和孩子一起探讨、设计一些适合家庭成员的活动，助力提升亲子关系，营造温馨氛围。

有解时刻

用小的尝试实现轰轰烈烈的改变。

不要用力过猛

家长在孩子的教育上不要用力过猛，不要盯得太紧，给自己留一点时间，关注一下自己的身心健康、兴趣爱好、学习和成长。家长自身状态良好，才能更好地陪伴孩子成长。

你或许已经发现，这本手册没有拘泥在具体问题的解决上，而是建议家长把精力放在情绪管理、家庭关系的建立上。这里的关系不只是亲子关系，而是指家人之间所有关系的总和。下一篇是家风篇，情绪、关系和家风相互影响，彼此成就。

当家庭拥有良好的情绪、关系和家风，孩子的成长便是一个自然而然的过程。真正的幸福，不是历经重重磨难后转瞬即逝的满足，而是舒展身心、毫不费力的快乐。愿你在育儿过程中，淡定从容，轻松不倦。

有解时刻

家庭教育不能用力过猛。

04 / 家风篇

　　"天下之本在国，国之本在家，家之本在身。"每个人的生命体验都与家庭、国家紧密相连，家风潜移默化地影响着家庭成员的思想品德和行为方式。打开这一篇，你将获得一种全新的视角和一套简单易行、有效实用的家风建设方法和工具，开启建设良好家风的新旅程。

你家的家风怎么样

家风听起来是个很大的话题，似乎很抽象，甚至容易被忽视。其实，孩子的方方面面都会打上家风的烙印。定期和家人一起评估一下家风，避免走着走着偏离了方向，这样更有助于让家成为想要的样子。请根据你家的情况，给下面的内容打个分吧。

评估维度	打分：1—5
爱国守法、守正创新	
爱岗敬业、协同协作	
家庭和睦、邻里团结	
尊老爱幼、诚信友善	
文明礼貌、杜绝脏话	
助人为乐、热爱公益	
自尊自信、理性平和	
勤奋好学、自强不息	
热爱劳动、身心健康	
勤俭节约、移风易俗	

如果分数不高，别担心，重要的是你已经开始了。家风建设永远在路上。

有解时刻

家风正则万事兴，家教严则子弟贤。

制定专属于你家的家规家训

家规家训是家风建设的核心内容，是家庭成员的行为准则和价值导向。

组织家庭会议，和家人一起制定家规家训吧，参考步骤如下。

和家人一起制定家规家训

① 共同探讨并明确家庭的核心价值观，可以参考评估维度内容或古人家规家训。

② 制定具体、明确、易执行的行为规范（如使用文明用语、举止端庄、衣着得体、遵规守纪等）。

③ 鼓励家人遵守执行，要正向鼓励、积极引导。

家规家训不是一次会议就能制定好的，别着急，慢慢积累形成。重要的是家庭成员一起践行、相互鼓励。

记得家规家训要及时修订，与时俱进。

有解时刻

没有规矩，不成方圆。

如何组织家庭会议

召开家庭会议是家庭建设的重要方式，能够增进家人之间的感情，有助于一起解决问题。家人需要精心准备、周密策划家庭会议，共创会议形式和内容，这样才能让家人都爱上家庭会议。

组织有效的家庭会议需要做哪些准备

- **主题**：家里近期共同关注的话题
- **发起人**：家庭成员均可，孩子可多练习
- **时间地点**：选好时机，提前约定时间、地点
- **会议形式**：面谈、视频、音频
- **参加人员**：全体家庭成员
- **会议流程**：暖场，轮流发言，总结并致谢，合照
- **特别关注**：鼓励孩子参与，肯定孩子的表现
- **会议规则**：不看手机、电视，专注、倾听、欣赏，不打岔、不批评、不轻易建议

开始组织一次家庭会议吧，可以从小的话题入手。

有解时刻

家庭会议是增进亲情的舞台。

让家人的优点闪闪发光

制作一棵"家庭优势树"吧，时刻看见家庭成员的优点，这有助于改善家庭关系，营造欢乐和谐的家庭氛围。

制作方法

第1步

准备材料：一张A3纸，彩笔若干。

第2步

全家人围坐一起，由一人在纸上画一棵大树，并划分出相应的区域；每个人分享自己的优点，并用彩笔写在自己的区域内，如好学、乐观、善良、爱运动等，其他成员做补充。

第3步

完成后，贴在家里醒目的位置并时常回顾，时常补充。

家庭优势树

爸爸：领导力强，洞察力强，坚韧，懂得感恩，谦逊，善良，审慎，思想开放，欣赏美和卓越，自律。

妈妈：懂得感恩，有活力，宽容和慈悲，谦逊，善良，正直，坚韧，好学，富有好奇心，充满希望，洞察力强，公正，富有公民精神。

女儿：乐观，对未来充满希望，欣赏美与卓越，幽默，懂得感恩，善良，有爱心，情商高，社交能力强，审慎，谦逊，思想开放，富有好奇心。

爱

有解时刻

人人皆有所长。

如何让孩子喜欢参与家庭活动

　　明明孩子平时一提到玩就两眼放光，可一旦听到"爸妈带你一起去玩"就满脸不情愿。

　　如何让孩子喜欢参与家庭活动呢？

　　邀请孩子共同设计活动方案，如家务劳动、家庭聚餐、家庭旅游方案等。

　　对于孩子提出的想法，父母不要轻易否定，而是要信任孩子，放心托付，试错容错，包容不完美。

　　活动过程中，不做裁判做伙伴，多发现家人特别是老人和孩子的优点，及时赞美。

　　让孩子当主角，如在购票、导游、主持等环节，让他们体验成功的喜悦，这有助于提升其组织与领导能力。

　　活动结束前，全家人合影留念，分享快乐，总结收获并表达感谢。

有解时刻

不做裁判做伙伴。

如何安排与24节气相关的活动

节气的变化反映了自然的节奏，"春生夏长，秋收冬藏"，完整地描述了四季的特点及相应的事物发展规律。

每个节气都有独特的习俗，为家庭活动提供了丰富的素材。例如，清明祭扫能让家人懂得缅怀，明确自己在家庭中的位置；冬至包饺子能让家人围坐一堂，增进家庭观念和亲情意识。

节气活动还能使家人增强对时间和周期的感知，保持对自然和生命的敬畏。

家庭活动与节气紧密结合，不仅能提升家庭凝聚力，还能让家人更加亲近自然，了解传统文化，提升综合素质。

24节气
家庭活动策划参考

	节气	节气内涵	策划内容
1	立春	春季开始	郊外踏青
2	雨水	降雨开始	做一把小雨伞

续表

	节气	节气内涵	策划内容
3	惊蛰	蛰醒雷动	观察昆虫和植物
4	春分	日夜等长	放风筝
5	清明	气清景明	扫墓祭祖
6	谷雨	作物生长	种下种子
7	立夏	夏季开始	家庭野餐
8	小满	麦粒渐满	观察麦田
9	芒种	农事繁忙	参与农事
10	夏至	白昼最长	观测星空
11	小暑	初显炎热	做清凉饮品
12	大暑	炎热高峰	玩水上乐园
13	立秋	秋来暑退	采摘果实
14	处暑	暑消天凉	登山望远
15	白露	天气转寒	采集露水

续表

	节气	节气内涵	策划内容
16	秋分	昼夜等长	品尝月饼
17	寒露	露水寒重	登山赏景
18	霜降	降霜渐寒	做枫叶书签
19	立冬	冬之伊始	包饺子
20	小雪	雪花初飘	堆雪人、打雪仗
21	大雪	雪花纷飞	吃火锅
22	冬至	昼短至寒	包饺子／汤圆
23	小寒	寒气渐浓	写对联、剪窗花
24	大寒	酷寒至极	准备年货

这些基于 24 节气的家庭活动，不仅能增进家庭成员之间的感情，还能让孩子更深入地了解传统文化和自然规律。

有解时刻

道法自然。

你有多爱你的屋子

当我们刚搬进新家时，总是对家中的每个角落都充满了欣赏，但时间一长，就容易对这些美好视而不见。你了解家人对家庭环境的感受吗？在家庭会议中，请每位家人说出最喜欢的地方和希望调整的地方，可以按照区域或下面的类别来展开讨论。

类别	家人满意情况／改进建议
功能划分	
家具摆放	
整洁程度	
物品整理	
色彩搭配	
灯光照明	
空间美化	

可以从小的改变做起，也许增加一朵玫瑰花就能让家更温馨。特别提示：尊重每个人的想法，谁的地盘谁做主。

有解时刻

以小见大，滴水见太阳。

进出家门时刻如何做

进出家门的时刻是家风建设的好时机，但却被很多家庭忽略了。下面表格中的表现，你进出家门时有过吗？

不打招呼	匆匆忙忙	负面情绪
表情冷漠	无仪式感	唠叨指责

试试像迎送客人那样迎送家人，相互间打个招呼，小小的举动就能成为情感连接的重要纽带。全家人可以一起商量，设计一个进出家门时刻的独特仪式，然后每个人都照做。长此以往，这能够增加家人的归属感和对家庭的认同感。设计仪式时可参考下面的内容：

出门时刻	➡	进门时刻
"我出发了"（欢快地）	▷	"我回来了"（欢快地）
门口欢送	▷	门口迎接
送上祝福	▷	表示欢迎
相互拥抱	▷	相互拥抱
帮忙递一下东西	▷	帮忙接过东西

有解时刻

珍惜门口时刻，时短情意长。

你有一张有解餐桌吗

不少家庭用餐时存在下面的现象。

不在一起吃	看手机／电视	抱怨厨艺
边吃边教育	讲负面消息	气氛紧张

有解餐桌不仅解决温饱问题，更是家庭成员团聚，相互欣赏、分享、关心、关爱的平台。

建设良好家风，从有解餐桌开始吧！

创造更多全家人一起用餐的机会。
共创用餐礼仪，营造温馨氛围。
主动帮厨，经常一起做饭。
家长带头感谢厨师，赞美厨艺。
布置餐桌，准备碗筷，照顾老人孩子。
珍惜粮食，光盘行动，主动收拾。
分享正面趣闻、三件好事和个人感悟等。
过年过节，策划特别仪式，比如感怀先人、发有解红包、表演等。

将餐桌转化为家风建设平台，奉献可感知的爱！

有解时刻

一日三餐，家风徐来。

如何制作有解红包

在特殊的日子，如春节、中秋节、端午节、母亲节、父亲节、儿童节、生日、结婚纪念日等，在准备常规礼物的同时，可以再加上一份特殊的礼物——有解红包。

有解红包不是传统意义上装钱的红包，而是装满了你对家人的真心欣赏和美好祝福。

方法：制作一张精美的卡片，真诚地写出对方的 10 个优点，并写下欣赏、感谢和祝福的话语，装入红包，随礼物送给对方，让爱看得见、摸得着，让关系更亲密。

有解时刻

让可感知的爱在有解红包中绽放。

如何彰显家庭文化

在布置家庭环境时，可以把家庭文化展示出来，让家庭文化看得见、摸得着，这有助于促进家风建设。

家庭文化内容可以是家规家训、箴言金句，也可以是家庭成员的荣誉证书、奖品、作品或照片，甚至可以是家庭的仪式和喜欢的活动等。

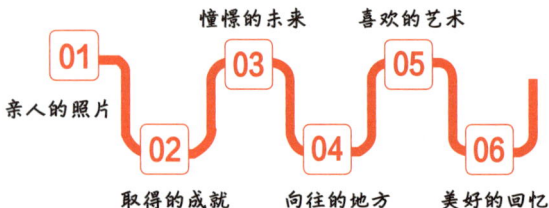

01 亲人的照片

02 取得的成就

03 憧憬的未来

04 向往的地方

05 喜欢的艺术

06 美好的回忆

在场景布置上，应鼓励家庭成员共同参与设计和布置，共同讨论和决定展示的内容和形式，让家庭文化内容丰富多彩、形式喜闻乐见，并定期进行优化，与时俱进。

和家人一起行动起来吧！

有解时刻

让家庭文化滋养家人心田。

什么是可感知的爱

《有解》中的一首小诗，分享给你。

爱是欣赏，是"平视"的赞美；

爱是信任，敢于把重要的事相托；

爱是倾听，是不打断、不挑剔、不唠叨；

爱是首先改变自己，影响他人；

爱是尊重的相待，爱是提供归属；

爱是一杯温水、一顿早餐或一句问候；

爱是撕下负面标签，使用美好的语言；

爱是理解他人的苦衷，接纳对方的局限；

爱是给人以自由，给己以自由；

爱是互为环境，彼此成就。

05/

锦囊篇

解决问题绝不仅仅是方法、技巧的运用，更是一场对心智的考验，包括对我们所秉持的视角、思维，我们所具备的勇气、信心的综合考验（见认知篇）。

翻开这一篇，你会看到12个典型问题的分析及解决方案。每个问题都没有标准答案，需要你以问题管理者的身份，遵循先善待情绪再解决问题的原则（见情绪篇），做孩子的问题解决伙伴，陪伴孩子一起找到最合适的解决方案。

这里的解决方案聚焦于K（知识）、S（技能）、M（动机）和E（环境）四个方面，其中M（动机）与E（环境）（聚焦关系和家庭环境，具体方法、工具见关系篇和家风篇）是家庭教育的着力点，在每个方案中都占有较大的篇幅。

如果需要详细了解解决问题的方法，请仔细阅读《有解：高效解决问题的关键7步》一书，把绕不开的问题变成想不到的机遇。

孩子沉迷手机怎么办

孩子沉迷手机是令许多家长头疼的问题,不少家长都经历过讲道理、批评指责,甚至直接抢手机的过程,但不仅没解决问题,反而还破坏了关系。

现状分析

当孩子玩手机时,也许我们常说:"你怎么总在玩手机""你已经手机成瘾了""一天到晚就知道玩"……这些话意味着我们正在从观点层面解决问题,而这瞬间就让我们与孩子形成了对立。现在,让我们试着放下"观点",与孩子一起分析手机使用的"事实"。孩子具体是在用手机做什么?玩手机的时长与时机分别是怎样的?孩子长时间玩手机后有什么身体感受?通过梳理这些事实,让孩子自己发现玩手机与学习、睡眠、运动间的冲突。

目标确定

① 引导孩子自己设定手机管理的目标,包括每天使用手机的时长、内容和场合。

② 陪孩子一起设定学习与自我成长的目标,目标要具体、可衡量、可达成。

解决方案

下面内容来自《有解》读者的实践经验，供参考。

K（知识）

- 家长要了解导致孩子沉迷手机的关键因素，如逃避现实压力、寻找归属感或缺少其他有意义的活动等。

- 与孩子立场一致，承认手机内容具有吸引力和某些益处，在此基础上与孩子一起学习和讨论手机对视力、睡眠、学习、情绪等方面的影响。

- 掌握一些引导孩子合理使用手机的方法和策略。

- 了解时间管理方法，阅读如《番茄工作法》等书籍。

S（技能）

- 家长与孩子一起制定合理的手机使用规则，明确手机使用的时间和场合，并坚定执行。

- 家长以身作则，引导孩子培养自控力，能够在规定时间主动放下手机。

- 挖掘孩子的天赋，找到替代玩手机的兴趣，如阅读、下棋、绘画、舞蹈、运动等。

M（动机）

- 和孩子一起总结手机管理带来的好处，如拥有了更多可支配的时间，找到了更多的兴趣爱好和生活乐趣。合理使用手机不是要剥夺孩子的快乐，而是引导孩子在手机之外的现实世界发现更有意义的快乐。

- 完全禁止孩子接触手机，可能会让孩子产生更强烈的逆反心理，反而增加他们对手机的渴望。不必急于一下子让孩子完全停止玩手机，每天减少10分钟就是成功，方向永远优于速度。

- 及时看见、肯定、庆祝孩子的进步，帮助孩子找到成就感，激发理想。

E（环境）

- 促进亲子关系，营造温馨的家庭氛围，特别需要关注孩子的情绪状态。要排除孩子因关系受阻、情绪低落而依赖手机的情况。

- 全家一起制定清晰可行的手机使用规则（而非家长单方面制定），包括手机使用的时间、场合、内容等，家长带头执行。

E（环境）

- 营造全家一起改变的氛围，每个人都把注意力放到自己的手机管理上。平时不要总盯着他人、提醒他人，也不要打扰孩子使用手机，有问题就留到每周的家庭会议上集中反馈。

- 当发现孩子使用手机超时，家长不要当即唠叨、指责或直接抢走手机，要信任孩子，给孩子思考和自主改变的机会。若问题依旧存在，可在下次会议上集中反馈。

- 每周召开一次家庭会议，专门总结手机管理的情况。每个人都要分享自己的经验和感受，其他人要给予反馈，多肯定和鼓励。然后每个人分享自己下周需要改进的方面，相互加油。

就这样，把手机管理作为一个家庭项目，不仅解决了问题，还促进了家庭关系，问题由此转变成真正的成长机会。

有解时刻

孩子不会听你怎么说，但会看你怎么做。

孩子作业拖拉怎么办

孩子作业拖拉，父母往往既着急又心疼，于是经常通过催促、批评或直接指导的方式来应对。但其实在这个过程中，最痛苦、最挣扎的人并不是家长，而是孩子。如何帮助孩子跨越这道难关呢？别急，让我们一起深入事实层面来寻找出口。

现状分析

与孩子一起分析作业拖拉的具体事实：拖拉的科目是什么，该科目的作业量、作业难度如何，该科目作业的时间安排，以及孩子与该科目老师的关系如何等。

目标确定

和孩子一起讨论制定一个能够够得着的小目标，如：今天比昨天早睡5分钟。

解决方案 下面内容来自《有解》读者的实践经验，供参考。

K（知识）

- 了解导致孩子作业拖拉的关键因素，如学习基础薄弱、缺乏时间管理意识或者对作业内容不感兴趣等。

- 和孩子一起寻找适合他的学习方法。

- 对知识点进行查漏补缺。

S（技能）

- 实践番茄工作法，使用日历、待办事项列表等工具来管理时间。

- 引导孩子定期总结各科的学习方法和经验。

- 引导孩子制订作业完成计划，包括什么时间做什么作业，具体什么时间完成等。

M（动机）

- 引导孩子定期进行自我总结，肯定和欣赏自己，从而激发学习兴趣和成就感，产生持续的动力。

- 特别需要注意的是：节约出来的时间要由孩子自由支配，不要再为孩子安排其他学习任务，要坚定地保护孩子的学习动力。

- 及时肯定、庆祝、奖励孩子的进步，学习的动力远比学习的量重要。

E（环境）

- 父母在孩子写作业拖拉时不要急躁，也不要随时随地唠叨、指责。要知道"定期沟通"比"随时随地沟通"效果更佳。

- 确保孩子的书桌整洁、物品摆放有序，让学习环境赏心悦目。

- 孩子写作业时，家长要保持安静，不看手机、电视等。家长最好也养成学习的习惯，营造家庭的学习氛围。

- 孩子写作业时，家长不要去送水或水果等打扰孩子，只在必要时提供支持。

- 及时了解孩子学习过程中遇到的困难，耐心协助解决。

- 及时了解孩子的情绪状态，帮助孩子排除情绪干扰。

　　总之，解决孩子作业拖拉的问题需要家长和孩子共同努力，特别是家长，要不做裁判做伙伴。

有解时刻

不做裁判做伙伴。

孩子撒谎怎么办

当发现孩子撒谎时，家长的内心往往会涌起惊涛骇浪般的波澜：孩子怎么会有道德上的瑕疵？他过去说的哪一句是真的？他是不是还有别的事情瞒着我？他会不会变成坏孩子？

作为问题管理者，让我们一起直抵表象背后，看到孩子遇到的困难，并探索全新的解决方案。

现状分析

> 分析孩子撒谎的具体事实：孩子在什么情况下、就什么事情、对谁、说了怎样的谎话？孩子的意图是什么？说谎的频率是什么？

目标确定

> 和孩子一起制定一个小目标，如2周内，孩子的撒谎次数减少30%。

解决方案　下面内容来自《有解》读者的实践经验，供参考。

K（知识）

- 家长要了解导致孩子撒谎的关键因素，如逃避惩罚、获得关注或模仿他人等，明白孩子在不同年龄段的心理特点对撒谎行为的影响。

S（技能）

- 掌握与孩子沟通的技巧，平和、耐心地引导孩子说出真相。
- 培养孩子表达真实想法和感受的能力，引导孩子学会用恰当的方式表达需求、困难和寻求帮助，而不是通过撒谎来达到目的或逃避问题。

M（动机）

- 让孩子感受到家长对诚实品质的重视。给予孩子可感知的爱，减少孩子因渴望关注而撒谎的情况。
- 激发孩子成为诚实之人的强烈愿望，引导孩子明白诚实会让自己内心坦荡，更自信、更有力量，同时了解撒谎带来的不良后果。
- 正向关注：积极捕捉孩子展现出的诚实瞬间。
- 及时激励：对孩子的诚实表现及时给予肯定和奖励。
- 正向强化：反复多次给孩子贴上"诚实小勇士"的正面标签，深化其积极的自我认知。

E（环境）

- 发现孩子撒谎时，家长首先要调整自己的情绪，理性处理，相信问题一定有解。
- 加强亲子沟通，建立信任桥梁，让孩子感受到父母是最值得信任的人，从而愿意吐露心声。
- 营造宽松包容的环境，让孩子知道犯错是正常的，感受到家是最安全的港湾，坚决避免打骂等过激行为。
- 优化孩子的成长环境，引导孩子对身边的朋友进行筛选，与那些诚实的伙伴做朋友。

家长需要意识到，孩子的不诚实也可能与自己对问题的过激反应有关。实际上，每个孩子都希望能挺直腰杆表达自己，但若家庭不懂包容，孩子就不敢暴露问题、吐露心事，只能选择隐瞒。

改变，往往是从我们自身开始——任何情况下，家长都应成为孩子最强有力的问题解决伙伴。

有解时刻

你怪她没有对你真实，
你给过她对你真实的力量吗？
——《无问西东》

孩子厌学怎么办

孩子厌学令很多家庭陷入了焦虑、担忧、愤怒和困惑。家长通常容易将厌学问题完全归咎于孩子自身懒惰、贪玩或不听话，而忽略了其中可能存在的学习困难，以及学校环境、教学方式和家庭氛围等外部因素的影响。很多家长虽然通过过度施压迫使孩子勉强开始学习，但却使孩子内心更加抵触学习。

事实上，厌学的孩子往往是在校园或家庭中遇到了困难。要想知道这些困难到底是什么，我们需要耐心倾听孩子的想法和感受，从而发现真正的困扰所在。

现状分析

与孩子一起分析厌学的事实：具体"厌"的是哪些学科、老师、课堂、考试、作业或同学等。

目标确定

帮助孩子找回学习的兴趣与勇气，设定具体的学习目标（目标应尽可能小，确保可达成）。

解决方案　下面内容来自《有解》读者的实践经验，供参考。

K（知识）

- 了解孩子厌学的关键干扰因素，如身体不适、压力过大、不适应教学方法、缺乏学习兴趣等。

S（技能）

- 帮助孩子合理安排学习和休息时间，避免过度疲劳，提高其时间管理能力。
- 培养孩子面对学习困难时，独立思考和主动寻找解决方案的能力。
- 引导孩子尝试新的学习方法，如做笔记、预习、复习的方法等。

M（动机）

- 与孩子一起憧憬未来，比如问孩子"你想成为怎样的人？十年后的你在哪？在做什么？"
- 给孩子讲述名人或身边人的励志故事，带领孩子看到更广阔的世界，少年立大志。
- 与孩子一起探讨科目之美，可以从某一科目为突破口，激发孩子的学习兴趣，让孩子越学越爱学，进入良性循环。

M（动机）

- 找到孩子 10 条以上的优点，特别是与学习能力相关的优点，当面郑重地反馈给孩子，提升孩子的自信。

- 关注孩子的努力和点滴进步（而不是只盯着成绩），用数据、图表等方式记录孩子的进步，让孩子直观地看到自己的成长。同时及时肯定、庆祝、奖励孩子的进步，增强孩子的信心与成就感。

E（环境）

- 确保学习环境安静、整洁、舒适。

- 家长保持积极、乐观的生活态度，树立良好的榜样。

- 鼓励孩子与同学和老师建立良好的关系，增强归属感。

- 与孩子保持良好的沟通，倾听孩子的烦恼和想法。

- 帮助孩子找到学习的榜样，进而提升学习动力。

- 不要求孩子按自己建议的方式学习，把主动权交给孩子，相信孩子会做出适合自己的选择。

E（环境）

> • 必要时寻求老师或者教育专家的支持。

　　我们面前的孩子从来都不是一个懒惰、退缩、不争气的人，他只是暂时遇到了困难，失去了信心。每个人都希望取得成就、收获尊重，越是在低谷中，越需要被看见和欣赏——作为父母，你们就是对孩子最有影响力的人，是帮助孩子重拾信心、战胜挑战的最佳人选。

有解时刻

人人渴望成长。

孩子不愿意起床怎么办

都说"一日之计在于晨",可孩子早上就是不愿意起床,而这往往会打乱一天的计划安排。很多家长为此烦躁生气,强行拖拽、反复唠叨、威胁恐吓都试过了,但都无法从根本上解决问题。作为问题管理者,家长做些什么才能精准地帮到孩子呢?

现状分析

> 与孩子一起分析他不愿意起床的具体事实,包括叫醒方式、困难程度和卡点等方面,以及孩子在什么情况下是积极起床的?

目标确定

> 刚开始可以设定一些小目标,如下周主动起床3次(小目标能够确保达成,从而带来成就感)。

解决方案

下面内容来自《有解》读者的实践经验，供参考。

K（知识）

- 了解睡眠和作息规律的重要性。
- 了解调整生物钟、顺利起床的小妙招。

S（技能）

- 引导孩子自己制定（或与孩子一起制定）喜欢的解决方案，如定闹钟、放音乐、安排一人帮忙叫醒等。

M（动机）

- 帮助孩子找到按时起床的动力，如按时起床不仅能摆脱被父母催促、获得好心情、开启从容的一天，还能享用美味的早餐、参与更多活动等。
- 积极关注孩子的表现，对孩子的进步进行真诚的肯定与庆祝。
- 定期（如一周一次）和孩子一起总结，帮助孩子看到自己的进步，增强孩子的自信和成就感。

E（环境）

- 确保孩子的卧室安静、舒适、温暖、通风，营造良好的睡眠环境。

- 父母做好自身定位——支持者，做好早餐，用孩子想要的方式叫醒孩子，不要大吼大叫、掀被子等，否则孩子就容易陷入被动，丧失主动性。我们要通过起床这件小事，让孩子学会对自己负责。

- 了解孩子在学校或家庭中遇到的困难，帮助孩子排除其他干扰起床的因素。

- 家长要按时起床、作息规律，为孩子树立榜样。

任何习惯的培养都需要时间，切记不要为了让孩子起床而牺牲双方的情绪、牺牲与孩子的关系，要坚信问题一定有解。

有解时刻

方向永远优于速度。

孩子与同学闹矛盾怎么办

当孩子与同学闹了矛盾，家长不要在没有充分了解事情全貌的情况下，就匆忙判定谁对谁错；也不要一味指责孩子或者替孩子去解决矛盾，而是要引导孩子自己去面对和处理，帮助孩子学会独立解决问题。

现状分析

> 与同学闹矛盾是偶然还是长期现象？是与个别同学有冲突，还是与身边的人普遍有冲突？眼下矛盾的程度和影响如何？

目标确定

> 与孩子一起商量如何处理冲突才能营造健康、支持性的人际环境。

解决方案　下面内容来自《有解》读者的实践经验，供参考。

K（知识）

- 帮助孩子认识到关系中的冲突是正常的，引导孩子正确看待与同学之间的矛盾，让孩子意识到积极解决问题就是成长。
- 帮助孩子了解与人友好相处的原则和方法，如尊重、理解、包容和分享等，引导孩子学会换位思考，理解他人的感受。

S（技能）

- 在家里模拟类似的冲突场景，以尊重的态度倾听孩子的感受和想法。
- 引导孩子站在同学的角度思考问题，增进对他人的理解，并学习有效沟通的方式方法，包括倾听对方、明确表达自己的观点和需求等。
- 鼓励孩子自行解决问题，培养孩子的自主性和问题解决能力，并适时给予反馈和支持。
- 处理完冲突之后，与孩子一起回顾整个事件，总结经验和教训。
- 帮助孩子提升情绪管理能力，使其在与同学发生冲突时，能控制好自己的情绪，避免过激的言行。

M（动机）

- 帮助孩子认识到解决冲突的意义，如能够提升自身解决问题的能力、增强自信、改善同学关系、排除学习干扰。
- 当孩子自主解决冲突后，及时给予肯定和奖励。

E（环境）

- 组织一些活动，让孩子和同学共同参与，创造和解的机会。
- 如果冲突较严重或持续存在，及时与老师（即重要关系人）沟通并寻求帮助。
- 从长远来说，要想让孩子学会与同学相处，亲密的家庭关系和温馨的家庭氛围是关键。

解决某一次的冲突不是目的，借此机会让孩子学会正确看待同学关系，提升人际交往能力和问题解决能力，才是真正的价值所在。

有解时刻

问题就是机会。

孩子成绩不理想怎么办

没有一个孩子想落后，他们比家长更着急。作为父母，我们不要因为孩子一时的成绩起伏而焦虑，更不要给孩子施加过大的压力。相反，我们要成为孩子的伙伴，与孩子一起面对问题、解决问题，将问题变成机会。

现状分析

陪孩子分析成绩不理想的具体事实：成绩是一直不理想，还是突然下滑？哪些科目成绩较好，哪些成绩较差？各个科目投入的精力占比如何？孩子对各科老师的喜爱程度如何？最近有没有换新的老师？

目标确定

和孩子商量，以孩子喜欢的科目为突破口，制定一个提升成绩的小目标。

解决方案 下面内容来自《有解》读者的实践经验，供参考。

K（知识）

- 提供必要的学习资源和工具，如参考书、辅导资料、在线课程等。
- 了解该科目的学习方法。

S（技能）

- 和孩子一起找到他薄弱的知识点，有针对性地进行补习。
- 和孩子一起制订切实可行的学习计划。
- 培养孩子良好的学习习惯，如定时复习、做笔记、积极提问等。

M（动机）

- 帮助孩子找到学习动力是关键，可以引导孩子畅想理想、未来等。
- 鼓励孩子与自己做比较，关注自己的进步和成长，不和其他同学攀比。
- 找到孩子 10 条以上的优点，特别是与学习能力相关的优点，当面反馈给孩子，提升其自信。
- 孩子的成绩往往与其对任课老师的喜爱程度有关。可以引导孩子发现弱科任课老师的 10 条优点，鼓励孩子主动向老师提问，增进师生关系。

M（动机）

- 定期与孩子沟通学习进展和感受，给予孩子正面反馈，庆祝孩子的点滴进步。

E（环境）

- 保持平和的心态，关注孩子的学习状态，保护孩子的学习兴趣和动力。

- 在孩子求助时耐心指导和帮助，但不要过度干预或代劳，平时不唠叨、不催促。

- 定期（如一周一次）与孩子沟通学习计划的完成情况，让学习真正成为孩子自己的事。

- 必要时主动与老师沟通，寻求老师的理解与支持。

- 营造安静、舒适、适合学习的家庭环境，在孩子学习时不看电视、不玩手机。

- 鼓励孩子参加学习小组或与同学结对学习，相互激励和帮助。

- 营造温馨的家庭氛围，建立良好的家庭关系。

有解时刻

改变他人之前，可以先想想自己能帮上什么。

孩子拒绝沟通怎么办

当孩子不愿沟通时，有些家长会急切地想要知道原因，不断追问孩子。这种逼迫会让孩子产生抵触情绪，更加紧闭心门。还有的家长不关心孩子的想法和感受，只一味讲大道理，告诉孩子应该怎么做，这会导致孩子觉得家长不理解自己，从而失去沟通的欲望。

现状分析

分析孩子拒绝沟通的具体事实，如话题、时机、对象、地点等，以及孩子什么时候愿意沟通、愿意和谁沟通等。

目标确定

设定一个小目标，如在接下来的一周内，每天与孩子进行至少 10 分钟的轻松交流，不批评、不指责，只分享日常小事。

解决方案

下面内容来自《有解》读者的实践经验，供参考。

K（知识）

- 了解孩子在不同阶段的心理特点和需求，掌握有效的沟通技巧和方法，如倾听、反馈等。
- 了解情绪管理和压力应对的方法，以便更好地处理沟通中的情绪问题。

S（技能）

- 提升倾听能力，专注于孩子的表达，理解共情，多听少说，不打断、不评判；注意语气语调、眼神和肢体语言的运用。
- 提升表达能力，用清晰、简洁、温和的语言与孩子交流。
- 在沟通过程中，观察孩子的反应，尤其是孩子传递的非语言信号，如表情、肢体动作等，并以此调整自己的沟通方式，确保沟通效果。

M（动机）

- 明确良好的沟通对孩子成长和亲子关系的重要性，坚定改变的决心。
- 积极倾听孩子的表达，给予孩子充分的尊重与肯定，并及时做出正向回应。

M（动机）

- 给孩子和自己积极的心理暗示，相信双方可以通过努力改善沟通状况。

E（环境）

- 营造一个安静、舒适、无干扰的沟通空间，让孩子感到放松。

- 营造温馨的谈话氛围，围绕孩子感兴趣的话题逐步深入。不要觉得孩子的话题没有意义，沟通本身就是意义。

- 发挥有解餐桌（见家风篇）的作用，加强家庭成员之间的交流。

- 组织家庭活动，增加亲子互动，创造更多沟通的话题和机会。（见家风篇）

- 如果孩子暂时不愿意沟通，家长可以先从改善夫妻关系、亲子关系，改善家庭氛围开始。

改善亲子关系，亲子双方自然有话题可交流。

有解时刻

良好的沟通始于和谐的氛围。

孩子爱发脾气怎么办

有些家长一看到孩子发脾气，自己的脾气更大，会严厉地指责和批评孩子；还有的家长认为孩子发脾气时不用理会，但这种冷处理可能会让孩子感到被忽视，从而影响亲子关系，也无法帮助孩子学会正确处理情绪；还有的家长会立刻妥协，满足孩子的要求，这会让孩子认为发脾气是达到目的的有效手段，从而养成用发脾气来控制家长的不良习惯。

如果孩子爱发脾气，家长首先要善待自己的情绪，然后再理性分析问题并解决问题。

现状分析

分析孩子爱发脾气的具体事实，如发脾气的频次，在什么情况下、对谁、在何事上容易发脾气，发脾气的程度以及消气的方法。

目标确定

陪孩子确定一个容易达成的情绪管理目标，如下周少发一次脾气，争取找到除发脾气以外的问题解决办法。

解决方案 下面内容来自《有解》读者的实践经验，供参考。

K（知识）

- 了解孩子发脾气的常见原因，比如需求未得到满足、情绪管理能力不足，或者是模仿他人的行为。
- 帮助孩子意识到情绪的多样性，以及发脾气并不是解决问题的最佳方式。

S（技能）

- 孩子发脾气时，家长要保持冷静，耐心倾听，引导孩子表达自己的想法和感受。
- 孩子发脾气时，少讲道理，第一时间通过肢体语言，如握住孩子的手、紧紧相拥、抚摸孩子的头发等，传递安全感和关爱。
- 鼓励孩子用恰当的语言表达自己的感受和真实需求。
- 在孩子情绪稳定后，与孩子一起制作情绪管理小锦囊（见情绪篇），了解孩子发脾气是想让家长做什么，并据此制订家长行动计划。

M（动机）

- 与孩子交流情绪管理的好处，如能够促进健康、学习、人际关系、自我成长等，激发孩子做好情绪管理的动力。
- 让孩子分享自己成功管理情绪的经验，从而找到信心。
- 关注孩子的情绪，当孩子成功管理情绪时，及时给予肯定和奖励，让孩子产生成就感，无意识中给自己贴上"我是个很聪明的人""我是个情绪管理小专家"等正面标签。

E（环境）

- 家长要保持情绪稳定，避免在孩子面前争吵或发脾气，用恰当的语言正面表达自己在情绪中的需求。
- 保证孩子拥有充足的睡眠、健康的饮食和适度的运动，这有助于他们保持情绪稳定。

E（环境）

- 营造温馨的家庭氛围，建立和谐的家庭关系。
- 建设充满笑容、欣赏、包容的家庭文化，在关键时刻承接住彼此的痛苦与烦躁——爱是解决问题的总开关。

作为家长，我们要通过现象看本质，用爱和耐心帮助孩子探寻发脾气背后的真实需求，一个充满爱与包容的家庭，是孩子情绪稳定的基石。

有解时刻

爱是解决问题的总开关。

孩子爱攀比怎么办

面对孩子的攀比行为，家长既不应过度满足孩子的物质需求，也不应一味地批评或视而不见，而是要正确引导，帮助孩子树立正确的价值观和消费观。

现状分析

分析孩子爱攀比的具体事实：是比衣服鞋子等物质条件、游戏等级还是其他方面？以其中一个方面为突破口。

目标确定

帮助孩子树立正确的价值观和消费观，引导孩子以平常心看待外在条件，尊重自己和他人。

解决方案

下面内容来自《有解》读者的实践经验，供参考。

K (知识)

- 帮助孩子了解攀比带来的负面影响，如增加心理压力、破坏人际关系等，同时引导孩子理解每个人都是独特的，无须通过比较来证明自己的价值。

S (技能)

- 主动询问孩子的想法，了解孩子攀比背后的内在需求，理解孩子试图通过外在条件获得尊重、融入群体的渴望。

- 引导孩子区分"需要"和"想要"，学会理性消费。培养孩子的理财能力，比如给孩子一定的零花钱，让其学会规划和管理。

- 引导孩子关注已拥有的部分，学会感恩，发现美好。

- 引导孩子总结什么是自己人生的"重要之事"，并把注意力放到"重要之事"上。

M (动机)

- 通过名人的励志故事或电影、身边的榜样等帮助孩子树立远大的理想。

- 帮助孩子明白真正的快乐和满足来自内心的成长和进步，而非物质上的比较。

- 帮助孩子理解每个人都是独一无二的，引导孩子关注自身的成长和优势，提升自信心。

M（动机）

- 当发现孩子不再攀比或攀比行为减少时，及时给予肯定和奖励，并给孩子贴上正面标签，强化其良好行为。

E（环境）

- 注重家风建设，建立健康的家庭文化。家长做好榜样——不攀比，不在背后议论他人的物质条件，行不言之教。
- 带孩子参加社会实践活动、读书活动等，引导其感受内心世界丰盛带来的美好。
- 引导孩子参与假期支教活动等，看到贫困地区孩子的需要，学会平等地尊重每一个人，不以物质条件来评价他人。
- 帮助孩子寻找身边的榜样，并向他们学习。

作为家长，我们要帮助孩子摆脱攀比心，让孩子们意识到真正的幸福来自关爱他人、追求梦想、不断学习和自我提升。

有解时刻

不以物喜，不以己悲。

——范仲淹《岳阳楼记》

孩子待人不礼貌怎么办

孩子在成长过程中，难免会做出一些不礼貌的行为。家长在纠正孩子时，要注意方式方法，保持耐心和理解，帮助孩子逐步养成懂礼貌的好习惯。

现状分析

客观分析孩子"不懂礼貌"的标签背后的事实：孩子在什么情况下，对谁、针对什么事情具体说了什么、做了什么。找一个典型情景，作为突破口。

目标确定

帮助孩子礼貌地表达自己、待人接物，建立和谐的人际关系。

解决方案

下面内容来自《有解》读者的实践经验，供参考。

K（知识）

- 和孩子一起学习日常生活中的礼仪和行为规范。
- 礼貌的培养是一个持续的过程，家长要对孩子有充分的耐心和信任。

S（技能）

- 通过角色扮演，让孩子在模拟场景中练习礼貌待人，家长进行反馈。
- 在日常生活中，提醒孩子总结礼貌用语和行为，防微杜渐，杜绝说脏话和使用暴力。
- 家长提高欣赏、沟通和反馈的能力。

M（动机）

- 帮助孩子意识到懂礼貌是一种优秀的品质，有助于树立自己的良好形象，激发孩子讲礼貌的积极性。
- 关注孩子的礼貌表现，给予具体的肯定和奖励，强化孩子的正面行为。
- 礼貌习惯养成后，会提升孩子的自我认同感和价值感。

E（环境）

- 当孩子做出不礼貌的行为时，家长要保持冷静，不要当众指责孩子。可以找一个合适的机会，营造包容的氛围，单独和孩子沟通，耐心倾听、引导孩子。

- 营造文明礼貌的家庭环境，家庭成员之间互相尊重、礼貌相待，避免不文明用语。

- 多带孩子参加社交活动，在实践中锻炼礼貌待人的能力。

- 家长自己要做到礼貌待人，为孩子树立良好的榜样。

　　家长要持续关注孩子的行为变化，给孩子足够的尊重、理解和支持，帮助孩子养成懂礼貌的好习惯。

有解时刻

　　孩子大概率不会活成你希望的样子，而会活成你的样子。

如何面对家里多娃间的冲突

"妈妈，都怪他！""明明是她的错！""这次该我先玩了！""我讨厌弟弟！"……这样的对话每个多娃家庭都再熟悉不过了。作为父母，一看到孩子之间发生冲突，我们就希望快速制止，因此容易因为某个孩子年龄小、性格弱而有明显的偏袒。但如果家长强制要求大孩子让小孩子，或不了解事情的全貌就开始讲道理，往往会导致大孩子不满、怨恨，小孩子变得骄纵。

要想让孩子行稳致远，就要引导他们学会处理关系中的冲突。对于多娃家庭来说，家庭恰恰是一个绝佳的"练兵场"。

现状分析

给予每个孩子充分表达自己观点和感受的机会，过程中不打断、不评判，引导孩子们说事实而非观点，如在什么方面、什么情况下发生了争执，双方在这个过程中具体说了什么、做了什么，事后想过什么补救措施。

目标确定

和孩子们共同讨论、制定一个巧妙化解冲突、增进关系的方案。

解决方案

下面内容来自《有解》读者的实践经验，供参考。

K（知识）

- 家长多了解各年龄段孩子的心理特点，满足其成长中的不同需求。

S（技能）

- 当孩子们发生争执时，不做裁判做伙伴，鼓励他们自行解决，从中锻炼沟通能力和问题解决能力。
- 鼓励孩子们共同参与家务劳动和家庭活动的规划等活动，体验相互支持、协作与配合。

M（动机）

- 当孩子们相互帮助、友好相处时，及时表达肯定和赞赏。

M（动机）

- 在孩子们的重要时刻，如生日、取得好成绩或获得奖项时，全家共同庆祝，分享喜悦，增强家的凝聚力与家庭成员的归属感。

- 引导孩子们相互欣赏、彼此珍惜，感受到拥有兄弟姐妹的自豪感和力量感。

E（环境）

- 在孩子们发生矛盾时，家长要保持冷静，不要急于干涉。

- 父母之间保持积极、和谐的互动，成为孩子们学习的榜样，让他们感受到家庭是一个相互支持、共同成长的整体。

- 平日里避免对孩子进行比较，也要通过家庭会议统一其他照顾者（爱人、老人、亲戚、保姆等）的思想，引导他们不要以任何方式对孩子进行比较。

- 在物质奖励、责任分配或时间分配上，确保每个孩子都能感受到平等和尊重。

- 鼓励孩子们主动承担家务劳动，发挥各自的优势，彼此配合，体验自己对家庭的贡献，从而获得归属感。

E（环境）

- 营造温馨有爱的家庭氛围，让每一个孩子都能感受到特别的爱。（见家风篇）

- 经常组织全家共同参与的活动，增强家庭凝聚力。

- 定期召开家庭会议，鼓励孩子们分享友好相处的心得，欣赏彼此的优点和进步，打造相亲相爱的家庭文化。

- 给每个孩子都安排专属的陪伴时光，给予他们单独的关注。

在强调公平的同时，我们更强调爱。每一次的问题解决之旅，都是孩子成长的机会。

有解时刻

特别的爱给特别的你。

后记

感谢您选择了这本书，完成了一趟探索之旅。

如果您能在这本书的任何一页得到一点点启示，或者有那么一点点行动或改变，这本书就完成了自己的使命，有解妈妈就足以欣慰了。

最后，要向有解行知体系奠基人奉金明老师、《有解》一书的作者奉湘宁博士、顾淑伟老师表达衷心的感谢！本书"认知篇""情绪篇""关系篇"由顾淑伟老师修改和打磨，"家风篇"由奉金明老师修改审核，"锦囊篇"由奉湘宁博士修改审核。

还要感谢秦皇岛市心理卫生协会负责人刘德敏女士，有解秦皇岛实践基地负责人李丽兰女士，有解妈妈发起人刘媛女士及有解妈妈团队的所有成员和有解讲师们。更要感谢的是人民邮电出版社的编辑老师们，是她们的专业能力、敬业态度和伙伴式的陪伴，给予我们巨大的支持，也让这本书得以面世。

问题就是机会，合上这本书，踏上亲子之旅吧！你们的阅读、感知、行动和改变，才是这本书出版的意义所在。

发自内心的赞美有打动人心的力量。

別让负面标签成为孩子前进路上的绊脚石。

信任如光，照亮前行的道路。

孩子不会听你怎么说，但会看你怎么做。

用小的尝试实现轰轰烈烈的改变。

本书策划团队

出版统筹：许文瑛

特约统筹：元　霄

特约策划：奉金明

写作指导：奉湘宁

策划编辑：徐竞然

文字编辑：刘　阳

营销编辑：徐　琳

运营经理：张悦阳

营销经理：贾璐帆

版式设计与插画：任安兰

封面视觉插画：闪光初见

封面设计：仙　境

顾淑伟：

爱是解决问题的
总开关。

白云：

首先改变的人最
有力量。

许凤荣：

善待情绪，慢慢来。

有解妈妈

TEAM

王红：

我是我生活的总导演。

刘艳：

良好的亲子关系是教育的基础。

李丽兰：

做有解妈妈——成就阳光家庭、灿烂孩子。

李瑞红：

心向光，无畏前行路。

亢娜：

幸福之路就是发现自我之路。

葛效颖：

所有情绪的背后都是对爱的呼唤。

李春莲：

人人皆有所长。

赵志艳：

做有解的妈妈，成就绽放的孩子。

有解妈妈
TEAM

潘春燕：

父母的语言里，藏着孩子的未来！

郑莲：
方向永远优于速度。

王雪娜：
育儿先育己，有解妈妈与孩子共成长。

刘媛：
妈妈是孩子内心深处的点灯人。

MEMBERS

吴丽军：
互为环境，彼此成就。

刘莹：
可感知的爱需要终生善待。

郭辉：

感受好才能做得好。

郭安娜：

问题就是机会。

有解妈妈

TEAM

曹江南：

改变自己，影响他人。

周旭辉：

心中有光，不惧风浪。

郑桂芝：

高高山顶立，深深
海底行。

曲艳梅：

学有解，才会爱而
有解。

MEMBERS

张秀琴：

推动问题解决的往往
不是权威，而是良好的
关系。

赵海珍：

不做裁判做伙伴。

145